Ueber

Gegenwart und Zukunft

des

Deutschen Notenbankwesens.

Von

Dr. Moritz Stroell,

Direktor der Bayrischen Notenbank.

Separatabdruck aus Schmollers Jahrbuch für Gesetzgebung ꝛc.
Jahrgang X, Heft 1.

Leipzig,
Verlag von Duncker & Humblot.
1886.

Seit Erlaß des Bankgesetzes vom 14. März 1875 sind über zehn Jahre verflossen. Bekanntlich erfolgte durch dieses Gesetz die Regelung des deutschen Notenbankwesens vorerst nur in der Art, daß mit dem Ablauf des Jahres 1890 eine Neugestaltung der Dinge vorbehalten blieb. Und diese kommenden Dinge werfen ihre Schatten bereits merkbar voraus. Kein Zweifel, daß schon binnen kurzer Frist die trüben Reflexe einer vielfach subjektiv gefärbten Agitation das Wesen des Gegenstandes verschleiern und verdunkeln werden. Um so angemessener erscheint es, vor Entfesselung dieser agitatorischen Bestrebungen in diesen Blättern, welche der rein wissenschaftlichen Behandlung volkswirthschaftlicher Probleme gewidmet sind, eine parteilose Besprechung der schwebenden Frage zu versuchen.

Dieser Versuch wird durch die bisherigen Leistungen auf dem einschlägigen Gebiete volkswirthschaftlicher Spezialforschung wesentlich erleichtert. Denn gerade auf dem Gebiete des Zettelbankwesens ist die induktive und historische Methode, welcher die neuere Nationalökonomie so viele glänzende Theilerfolge verdankt, frühzeitig und mit bleibendem Erfolge zum Durchbruch gelangt. Es genügt, in dieser Richtung auf die grundlegenden Arbeiten von Adolf Wagner zu verweisen, welche jederzeit in den Annalen der Wissenschaft als hervorragende Denkmäler deutschen Fleißes und deutscher Gründlichkeit Geltung behalten werden. Auf Grund eines ungeheueren, gewissenhaft durchgearbeiteten Materials gelangte diese Spezialforschung hier früher als auf analogen wissenschaftlichen Gebieten zur Erkenntniß, daß in allen, namentlich die Bankpolitik betreffenden Fragen der Absolutismus der Lösungen zu verwerfen sei und im einzelnen die Relativität aller wissenschaftlichen Entscheidungsgründe und aller bankpolitischen Einrichtungen anerkannt werden müsse. Unter diesem Gesichtswinkel wird auch die bankpolitische Frage der Gegenwart zu erwägen und zu entscheiden sein.

Jedenfalls ist soviel sicher: über die prinzipielle und theoretisch-technische Seite des Notenbankwesens bestehen in der Wissenschaft kaum mehr irgendwelche nennenswerthe Meinungsverschiedenheiten. In dieser Richtung ist der Stand der Zettelbankfrage in seinen einzelnen Elementen völlig geklärt, indem die essentiellen Punkte — als da sind Natur und Zweckbestimmung der Banknote, deren Funktion im Verkehr, Geschäftskreis, Notendeckungsverhältnisse, Diskontopolitik der Banken und ähnliche elementare Dinge — ihrem Wesen nach vollkommen klargestellt und dem Streite entrückt sind. Schwierigkeiten und Meinungsverschiedenheiten treten erst dann hervor, wenn die Fragen der praktischen Bankpolitik zur Erörterung gelangen, also die Frage über die Vorzüge des zentralisirten oder dezentralisirten Systems, die Frage ob Monopolbank oder Bankenmehrheit, der Streit über Verstaatlichungsprojekte und ähnliche Kontroversen. Und diese Fragen sind vorzugsweise das Gebiet, auf welchem die oben berührte wissenschaftliche Erkenntniß von der Relativität aller Argumente ihre Rolle spielt.

Aber selbst auf diesem abgegrenzten Gebiete der praktischen Bankpolitik können innerhalb der konkret betrachteten deutschen Verhältnisse die angedeuteten Streitfragen nur ziemlich enge Kreise ziehen. Gewisse früher viel umstrittene Probleme wie Bankfreiheit oder rein privates oder völlig dezentralisirtes Notenbankwesen sind für uns undiskutirbare, weil unmögliche Dinge. Es gilt allenthalben als selbstverständliche Forderung, daß das Deutsche Reich ein starkes, nationales, mit der Staatsgewalt enge verknüpftes Zettelbankwesen besitzen müsse und daß in der hierin seit 1875 angebahnten und theilweise erzielten Einheitlichkeit Rückschritte nicht gemacht werden dürfen. Gegen diesen leitenden und berechtigten Grundgedanken ankämpfen wollen, hieße in völliger Verkennung aller Wirklichkeit handeln, die uns umgiebt.

Wenn wir nach diesen einleitenden Bemerkungen unserem Gegenstand näher treten, dürfen wir die Grundzüge des Bankgesetzes von 1875 im allgemeinen wohl als bekannt voraussetzen. Als Zentralinstitut die mit privatem Kapital ausgestattete Reichsbank unter staatlicher Leitung und mit staatlicher Gewinnbetheiligung; neben, oder richtiger gesagt, unter ihr die als Territorial- oder Landesbanken gedachten Privatnotenbanken, zur Zeit noch siebzehn an der Zahl; für Reichsbank und Privatbanken im ganzen dieselben Normativbestimmungen, die nämlichen gesetzlich gestatteten, enge begrenzten Geschäftszweige, gleichmäßige Umlaufsfähigkeit der Noten durch das ganze Reichsgebiet; Festsetzung des Notenmindestbetrages auf 100 Mark; Bemessung des steuerfrei zulässigen Umlaufes metallisch ungedeckter Banknoten für sämmtliche Banken auf 385 Millionen Mark, hievon Zutheilung eines Betrages von 250 Millionen an das Zentralinstitut und Vertheilung des Restes an die einzelnen Landesbanken nach dem Maßstabe der Bevölkerungszahl und der Verkehrsentwickelung; fünfprozentige Besteuerung der über obigen Betrag allenfalls ausgegebenen Noten, also System der indirekten Kontingentirung; gegenseitiger Notenaustausch zwischen den Instituten unter einander, einheitliche Bilanzformulare und Zwang zur periodischen Veröffentlichung des Standes. — Das sind in den wichtigsten Punkten die Grundzüge des bestehenden gemischten Banksystems. Dasselbe erscheint als eine kluge Verbindung der Zentralisation, wie sie der Reichsgedanke fordert, mit der Dezentralisirung, wie sie den geschichtlich überkommenen Verhältnissen und den bei Schaffung des Bankgesetzes formal zu Recht bestehenden Privilegien entsprach; jedenfalls eine Bankverfassung, welche mit früheren Zuständen verglichen einen ungeheueren volkswirthschaftlichen Fortschritt darstellt.

Fragt man nach der Wirksamkeit und der wirthschaftlichen Bewährung dieses seit nunmehr zehn Jahren bestehenden Systemes, als dessen Angelpunkte die indirekte Kontingentirung des metallisch ungedeckten Notenumlaufes und die Schaffung der Zentralbank neben Beibehaltung der Landesbanken bezeichnet werden müssen, so wird die Kritik ganz wesentlich durch den Umstand erschwert, daß sich der Zeitraum des verflossenen Jahrzehnts in banktechnischer Hinsicht ziemlich interesselos gestaltet hat. Auf den Gründungsschwindel folgte eine Zeit der allgemeinen Stagnation, während welcher der Währungswechsel ohne wesentliche Schwierigkeiten sich vollzog. Selbst der damals vielfach prophezeite Kampf um das Gold gewann, einige kurzdauernde Zwischenfälle abgerechnet, keine größere Ausdehnung. Nach mehrjährigem Siechthum zeigten sich zeitlich und theilweise wohl auch ursächlich mit dem Wechsel der Wirthschaftspolitik zusammenfallend die ersten Zeichen einer allmählichen Erholung und Besserung der wirthschaftlichen Lage. Auch diese Besserung vollzieht sich sachte und allmählich, ohne sonderliche Triebkraft, stellenweise sogar von entschiedenen Rückfällen begleitet. Der völlige Mangel größerer auswärtiger Aktionen leistet dieser zögernden Gesundung der wirthschaftlichen Verhältnisse günstigen Vorschub. Zudem leben wir in einer Periode vergrößerten Kapitalangebotes und sinkenden Zinsfußes. Aus allen diesen Umständen begreift es sich, daß seit zehn Jahren auch unser nationales Geld- und Kreditwesen seine normalen Bahnen wandelt, ohne auffällige Schwankungen und Krisen. Aber diese Zeiten stagnirenden oder normalen Geschäftsganges sind nicht gerade diejenigen, in welchen Banktechnik und Bankorganisation ihre Triumphe feiern oder ihre Schäden offenbaren können.

Und deshalb ist auch die Frage, welche sich an einen der wichtigsten Punkte der bestehenden Organisation anknüpft, die Frage der indirekten Kontingentirung des metallisch ungedeckten Banknotenumlaufes, selbst heute noch nicht völlig spruchreif. Bei Schaffung des Bankgesetzes ging die gesetzgeberische Absicht ausgesprochenermaßen mit allem Nachdruck dahin, die Höhe der papierenen Umlaufsmittel einzuschränken. Eine Mehrzahl von Umständen ließ diesen Grundgedanken angemessen und sogar höchst nothwendig erscheinen. Denn einerseits machte die bewegliche und leicht handsame Goldwährung, welche an Stelle des schwerfälligen Silbers trat, den Umlauf des vielen Papiers, namentlich der kleineren Abschnitte, überflüssig und andererseits drohte der jungen Goldwährung durch einen zu zahlreichen Papiergeldumlauf die Gefahr des Verdrängtwerdens in die ausländischen Verkehrskanäle. Ueberdies bestand die Erwartung, daß durch feinere Ausbildung der kreditwirthschaftlichen Einrichtungen eine fortschreitende Ersparniß an Umlaufsmitteln überhaupt sich werde erzielen lassen. Aus allen diesen Gründen erfolgte die indirekte Kontingentirung. Den einen galt diese Modifikation des starren Systems der britischen Peelsakte als ein glücklicher banktechnischer Fortschritt, andere hingegen erblickten in der Beschränkung der Umlaufsmittel eine Klippe, an welcher in Stunden der Gefahr der Wohlstand des Volkes zerschellen werde. Aber selbst die Freunde und Befürworter der Kontingentirungsmaßregel befanden sich im unklaren darüber, ob der innerhalb des steuerfreien Kontingents ausgeworfene Betrag von 385 Millionen den regelmäßigen Verkehrsbedarf in der That decken und ausreichen werde, um die unvermeidbaren Schwankungen des Zahlmittelbedarfs auszugleichen. Ende 1870 betrug der ungedeckte Notenumlauf noch 448 Millionen; Ende 1873 noch 426 Millionen. Zu diesen Beträgen metallisch ungedeckter Noten trat dazumal noch das zahlreiche und in niedrigen Abschnitten umlaufende Staatspapiergeld. Unter diesen Umständen bot es Schwierigkeiten, die Ziffer des Zukunftsbedarfes richtig zu treffen, indem es den veränderten Verhältnissen gegenüber an festen Anhaltspunkten und Maßstäben gebrach. Nicht als ob es an verschiedenen Versuchen behufs sorgfältiger Ermittelung des künftigen Bedarfs gefehlt hätte. Aber trotz alledem war die schließlich gewählte Ziffer zugestandenermaßen ziemlich instinktiv gegriffen und man war sich des experimentalen Charakters der ganzen Maßregel vollständig bewußt.

Heute wird man behaupten dürfen, daß jene halb willkürliche

Festsetzung von 385 Millionen im ganzen und großen eine richtige und glückliche gewesen. Aus der bisherigen Erfahrung geht zum mindesten soviel hervor, daß in regelmäßigen Zeiten der ausgeworfene Betrag mehr als genügend hinreicht. Die Reichsbank, deren steuerfreie Quote durch Verzicht von 15 Privatbanken von 250 Millionen auf nahezu 274 Millionen angewachsen ist, sah sich bis Ende 1884 während einer neunjährigen Thätigkeit im ganzen erst 4 Mal veranlaßt, die Steuergrenze zu überschreiten und fünfprozentig besteuerte Noten auszugeben. Die Ziffer der Ueberschreitung schwankt zwischen 12,2 Millionen als Minimum und 32,7 Millionen als Maximum; der Durchschnitt der Ueberschreitung beträgt 22,5 Millionen. Abgesehen aber von diesen seltenen, quantitativ nicht eben beträchtlichen und völlig vorübergehenden Ueberschreitungen bewegt sich der regelmäßige Betrag der ungedeckt umlaufenden Reichsbanknoten tief unter der gesetzlich gestatteten Maximalgrenze. Es ereignete sich sogar zu öfterenmalen der absonderliche Fall, daß ungedeckte Reichsbanknoten überhaupt nicht im Umlauf sich befanden. Von 1876 bis 1883 betrug der ungedeckte Reichsbanknotenumlauf im achtjährigen Durchschnitt 110 992 000 Mark. Hiebei fällt der größte ungedeckte Banknotenumlauf dem Durchschnitt nach in das Jahr 1882 mit 152 054 000 Mark; der niedrigste in das Jahr 1879 mit 81 512 000 Mark. Auch die Kontingente der Privatbanken wurden ganz selten und nur in ganz vorübergehender Weise überschritten. So beispielsweise bei der sächsischen Bank, bei der bayerischen Notenbank. Im ganzen und großen geht aus den mitgetheilten Ziffern mit Sicherheit hervor, daß der Sättigungspunkt des Verkehrs an hochappointirten Geldzeichen in regelmäßiger Zeit unter der gesetzlich festgestellten steuerfreien Grenze gelegen ist. Zudem gewinnt die durch die giro-technischen Einrichtungen der Reichsbank erzielte Ersparniß an Umlaufsmitteln von Jahr zu Jahr größere Ausdehnung.

Diese innerhalb des Kontingents regelmäßig vorhandene bedeutende Reserve hat es der leitenden Zentralbank und mit ihr den Privatbanken ermöglicht, dem Wechselzinsfuß eine merkwürdige, früher nicht gekannte Stabilität zu geben. Seit Jahren bewegt sich der offizielle Zinsfuß, wenige kurzdauernde Unterbrechungen ausgenommen, um die Ziffer 4. Ein halbes Prozent mehr oder minder, das ist die ganze Schwankung. Vom Januar 1883 bis März 1885 stand der Zinsfuß ohne jede Unterbrechung auf der Normalziffer 4. Der sogenannte Privatsatz für Wechsel ersten Ranges berechnete sich jeweils um ein bedeutendes niedriger. Der für die Volkswirtschaft hieraus entspringende Nutzen ist in doppelter Beziehung bemerkenswerth. Denn einerseits ist die Billigkeit des Geldpreises ein für die Volkswirthschaft allgemein günstiges Moment und andererseits gewinnen durch die Stetigkeit des Zinsfußes alle auf Kredit beruhenden Vorgänge des wirthschaftlichen Lebens eine sichere und zuverlässige Berechnungsgrundlage. Zudem brauchen in Deutschland Geschäftswelt und Reichsbankleitung die jeweiligen Schwankungen der Notenreserve nicht mit so ängstlichen Blicken zu verfolgen, wie es der englische Handelsstand bei der starren arithmetischen Schranke der Peelsakte thut und thun muß. Wie Michaelis seiner Zeit treffend hervorhob, liegt für Deutschland die eigentliche Kreditreserve, und zwar in beliebigen Beträgen, nicht innerhalb, sondern außerhalb des steuerfreien Kontingents. Diese eigentliche Kreditreserve steht der deutschen Geschäftswelt jederzeit zur Verfügung, falls sie sich einen höheren als einen fünfprozentigen Zinsfuß gefallen läßt. Der Vortheil dieser Einrichtung in kritischer Zeit ist augenscheinlich, und die englischen Volkswirthe stehen nicht an, den Vorzug, welchen die deutsche Einrichtung durch das Sicherheitsventil ihrer relativen Elastizität besitzt, rückhaltlos anzuerkennen und zur Nachahmung zu empfehlen, indem sie glauben, hiedurch die häufigen und störenden Diskontveränderungen bei der englischen Bank vermeiden zu können. Inwieweit und mit welchem Erfolg das deutsche Sicherheitsventil in kritischen Zeiten thätig sein wird, muß jeweils von der Art, dem Grad und der Dauer der Krisis und weiter noch von dem Umstande abhängen, in welchem Maße das gegenwärtig stark im Diskontogeschäft thätige und mit den Banken konkurrirende Privatkapital seinen Rückzug ergreifen wird. Erfahrungen hierüber fehlen bislang und deshalb kann das System heute noch keinen Anspruch auf Unanfechtbarkeit erheben. Eine vorsichtige und erprobte Bankleitung, wie sie die Reichsbank besitzt, wird mit oder ohne Kontingentirung zum Nutzen der Gesammtheit wirthschaften können. Das freie Ermessen einer wirklich gewissenhaften Bankpolitik ist schließlich jeder mechanischen Schranke vorzuziehen. Die frühere preußische Bank, welche an keine arithmetische Schranke gebunden war, hat gerade durch die Dehnbarkeit ihrer Zahlmittel in Zeiten wirthschaftlicher oder politischer Unruhe vorzüglich operirt. Aus allen diesen Gründen erblicken wir für später weder in der Beibehaltung noch in der Beseitigung der Kontingentirung eine wesentliche Gefahr. Immerhin hat die indirekte Kontingentirung in ihrer Rolle als pädagogisches Hilfsmittel für die ersten Jahre unserer neuen Währung gute Dienste geleistet.

Wir gelangen zum zweiten Angelpunkt des bestehenden Systems:

zur Würdigung der Wirksamkeit der Reichsbank und der Privatnoten= banken. Unser Urtheil läßt sich im ganzen dahin zusammenfassen, daß sich das gemischte Banksystem bis zur Stunde vollkommen bewährte. Die Reichsbank, diese zentralisirende Krönung des ganzen Gebäudes, trägt in der That alle Züge einer Zentralbank und hat sich nach Organisation und Leitung ihrer Aufgabe vollkommen gewachsen gezeigt. Ihre gesetzliche Obliegenheit „den Geldumlauf im gesammten Reichs= gebiet zu regeln, die Zahlungsausgleichungen zu erleichtern und für die Nutzbarmachung verfügbaren Kapitals zu sorgen" erfüllt sie von Jahr zu Jahr mit steigendem Erfolg. Soweit die Reichsbank geographisch in die Fußstapfen der erprobten altpreußischen Banktraditionen eintrat, war ihre Aufgabe vergleichsweise eine leichte. Schwieriger schon war die Lage in Mittel= und Süddeutschland. Hier schien die Reichsbank anfänglich kein Bedürfniß zu sein, und zudem war die pädagogische Haltung, welche das Zentralinstitut in Erfüllung seiner öffentlichen Pflichten dem Verkehrsleben gegenüber einnahm, nicht so ganz nach dem Geschmack des süddeutschen Publikums. Diese Uebergangszeit kann nunmehr als abgeschlossen und die Stellung der Reichsbank in allen Theilen Deutschlands als gleichmäßig befestigt betrachtet werden. Ab= gesehen von ihrer vorsichtigen und erfolgreichen Diskontopolitik, welcher wir bereits oben gedachten, verdankt die Reichsbank dieses Ergebniß in erster Linie ihrer Verzweigung. Das Netz ihrer Anstalten — mit der Hauptbank zur Zeit 219 an der Zahl — breitet sich über das ge= sammte Reichsgebiet aus und steht als Kreditquelle dem legitimen Ver= kehr allenthalben zur Verfügung.

Wichtiger noch wird die Funktion dieses Filialnetzes durch den von der Reichsbank zeitgemäß umgestalteten und nach Analogie des englischen Systems verbesserten Giroverkehr. Schon 1876 wurde ein System eingeführt, welches den Girokunden der Reichsbank die Mög= lichkeit gewährte, im ganzen Gebiete der Reichsbank kostenfrei Zah= lungen zu leisten und zu empfangen. Hiernach war das ganze Deutsch= land ein Giroplatz geworden, auf welchem zwischen den Girokunden die Zahlungen ohne alle Kosten und Umstände durch bloße Ueberschrei= bungen auf den Konten ausgeglichen werden können. Damit war für die Volkswirthschaft eine bedeutende Ersparniß an Zeit, Kraft und an Umlaufsmitteln erzielt; dadurch daß sich das Zentralinstitut zur Ver= walterin der Baarreserven seiner Kunden machte, konnte die Ansamm= lung und Nutzbarmachung brachliegender Kapitalien immer größere Ausdehnung erzielen. Durch die im Jahre 1883 in Kraft getretenen neueren Bestimmungen über den Giroverkehr gelang es der Reichsbank, den Zahlungsverkehr in noch stärkerem Maße als bisher bei sich zu zentralisiren und dadurch die Einführung von Abrechnungsstellen zu ermöglichen, wodurch eine Masse von Geldverbindlichkeiten ohne einen Pfennig Münze, ohne Banknote oder Papiergeld lediglich vermöge Skontration und schließlicher Uebertragung der Salbi auf Reichsbank-Girokonto ausgeglichen werden. Im Jahre 1884 wurden auf diese Weise über zwölf Milliarden abgerechnet; im August 1885 allein 975 493 200 Mark. So wirkt die Reichsbank auf den Verkehr, den sie mehr und mehr zu zentralisiren bestrebt ist, umgestaltend, befruchtend und erleichternd. Noch ist der internationalen geldpolitischen Mission der Reichsbanknote zu gedenken. Vollwerthig trägt die Reichsbanknote den deutschen Adler durch die ganze zivilisirte Welt, als Trägerin der deutschen Goldwährung und als Symbol der staatlichen und wirthschaftlichen Einheit des ganzen Reichsgebietes.

Leicht begreiflich, daß eine mit solcher Energie und solchem Zielbewußtsein thätige Organisation im Laufe der Jahre sich manche Gegnerschaft zuzieht. Soweit diese Gegnerschaft aus rein privat-egoistischen Gesichtspunkten wie beispielsweise aus Konkurrenzneid und ähnlichen Rücksichten entspringt, mag sie hier unbesprochen bleiben und wenden wir uns sofort zu denjenigen Widersachern, welche aus öffentlichrechtlichen oder gemeinwirthschaftlichen Erwägungen die Thätigkeit der Zentralbank bemängeln. Solche Gegner giebt es nicht wenige. Dieselben stehen mit ihren Gründen theils auf münzpolitischem, theils auf sozialpolitischem Boden.

Die Anhänger der Goldwährung bemängeln die Haltung der Reichsbankleitung in der Währungsfrage, indem sie dieselbe für den unfertigen Zustand unserer Währungsverhältnisse verantwortlich machen und sie versteckter bimetallistischer Neigungen zeihen. Unseres Erachtens mit vollem Unrecht. Zwar ist es Thatsache, daß die Reichsbank trotz vielfach geübter Provokationen aus der Höhe ihres Goldbestandes ein Geheimniß macht, indem die in ihren Ausweisen veröffentlichte Metallziffer — Ende August 1885 rund 591 Millionen — Gold und Silber ohne Scheidung der beiden Metalle in sich begreift. Einigermaßen eingeweihte Persönlichkeiten behaupten, daß man nur euphemistisch von der Reichsbank als von der Hüterin des nationalen Goldhortes sprechen könne, indem der Silberbestand ein sehr ansehnlicher, die landläufigen Vorstellungen weit übersteigender sei. Wie dem aber auch sei, es bleibt gegenwärtig ein müßiger Streit, sich nachträglich über Dinge zu zanken, die früher hätten geschehen sollen und können. Das Thalersilber ist einmal vorhanden, der Silberpreis ist noch immer in weichender Tendenz und jeder Versuch, größere Silberbestände loszuschlagen, müßte sich des sofortigen Preisdruckes halber für den Eigenthümer zu einem bedenklichen und verlustbringenden Wagniß gestalten. Dieser unerfreulichen Thatsache steht paralysirend die erfreulichere gegenüber, daß im internationalen Verkehr der Charakter der deutschen Devise als Golddevise noch niemals ernstlich bezweifelt wurde. Die gegenwärtige Verfassung der deutschen Handelsbilanz läßt größere Goldexporte in keiner Weise befürchten und bei kleineren werden wir uns das bisher üblich gewesene Jammergeschrei allmählich abgewöhnen müssen. Es mag deshalb ohne Gefahr sein, wenn wir bis auf weiteres auf einen völlig idealen Zustand unseres Geldwesens verzichten müssen. Uebrigens erscheint es immerhin fraglich, ob sich die Nutzbarmachung der Reichsbanksilberbestände für den internen Verkehr nicht auch innerhalb der Goldwährung in der einen oder anderen Weise ermöglichen ließe. Bekanntlich hat die Reichsbankleitung derartige Pläne und Absichten kundgegeben. Ob es ihr gelingen wird, den Argwohn der Monometallisten zu beschwichtigen, steht dahin. Wir müssen leider darauf verzichten, auf diese Fragen hier näher einzugehen.

Die sozialpolitische Gegnerschaft der Reichsbank, welche zumeist aus agrarisch gefärbten Kreisen herrührt, werden wir bei der künftigen Struktur der Reichsbank zu besprechen haben, indem wir von dieser Gegnerschaft einen unheilvollen Einfluß auf den späteren Gang der Gesetzgebung befürchten.

Neben der Reichsbank als oberster Geld- und Kreditinstanz Deutschlands hat das Reichsbankgesetz die Privatnotenbanken unter mannigfachen Erschwerungen und Beschränkungen in Thätigkeit belassen. Ihre Stellung und Aufgabe war von der Gesetzgebung als eine territoriale und lokale gedacht; sie sollten als Landesbanken die Reichsbank, welcher die naturgemäße Führerrolle zufiel, ergänzen und unterstützen. Schon in der gesetzlichen Aufgabe der Reichsbank, den Geldumlauf im gesammten Reichsgebiete zu regeln, lag eine gewisse Oberhoheit der Zentralbank über die Privatnotenbanken ausgedrückt, eine Oberhoheit, welche die Reichsbank seither gelegentlich mit Nachdruck zur Geltung zu bringen nicht unterließ.

Nach Schaffung des Bankgesetzes schienen die Privatbanken nahezu unüberwindlichen Schwierigkeiten gegenüberzustehen. Fast ausnahmslos in ihrem Notenausgaberecht stark beschnitten, vielfach mit für die veränderten Verhältnisse zu großen Grundkapitalien belastet, in ihrem Geschäftskreis eingeengt und das Damoklesschwert der späteren Kündigung über dem Haupt, so mußten die Privatbanken den durch das

Bankgesetz inaugurirten neuen Abschnitt ihrer Thätigkeit beginnen. Die schwächsten und kleinsten unter ihnen zogen es unter diesen Umständen mit Recht vor, auf ihre Notenrechte zu verzichten oder sich dieselben von der Reichsbank gegen mäßiges Entgelt ablösen zu lassen. Der Rest unterwarf sich, mit einer einzigen Ausnahme, den bankgesetzlichen Bestimmungen mit dem redlichen Willen, sich den veränderten Verhältnissen anzupassen und die von der Gesetzgebung den Privatbanken zugewiesenen wirthschaftlichen Aufgaben nach bestem Können zu erfüllen. Und die alte, von den berufensten Kritikern des deutschen Notenbankwesens wiederholt hervorgehobene Erfahrung, derzufolge gerade den mittleren deutschen Notenbanken eine bedeutende wirthschaftliche Lebenskraft und Daseinsberechtigung innewohnt, erwies sich anläßlich dieser schweren Probe wiederum als völlig zutreffend. In manchen Fällen ist die Anpassung an die neuen Verhältnisse wider Erwarten gut gelungen. Freilich nicht überall und mit wesentlichen Unterschieden, nicht immer mit gleichem Glück und Geschick. Die äußere Gleichmäßigkeit der sämmtlichen Privatbanken zur Richtschnur dienenden Normativschablone hat nicht zu verhindern vermocht, daß die einzelnen Anstalten ihre Wege gingen und sich unter der Herrschaft des Bankgesetzes sehr ungleichartig entfalteten. Und eben wegen dieser Ungleichartigkeit sind generelle Urtheile über das Privatbankwesen nicht am Platz. Von einer nicht selten behaupteten generellen Stagnation kann so wenig die Rede sein wie von einem generellen Blühen und Gedeihen. Will man richtig urtheilen, wird man nicht umhin können, zu individualisiren, also zu fragen: inwieweit sind die einzelnen Privatbanken den ihnen von der Reichsgesetzgebung auferlegten Aufgaben gerecht geworden? Im wesentlichen waren ihnen als Aufgaben gestellt: vorsichtige, maßvolle und territorial begrenzte Handhabung des Notenausgaberechts, unter gleichzeitiger Unterstützung der Diskontopolitik der Zentralbank, Befriedigung und Ueberwachung des provinzialen und lokalen Kreditwesens, Organisation von Verkehrserleichterungen, Pflege des Depositengeschäftes.

Prüft man unter diesen Gesichtswinkeln die Leistungen und die volkswirthschaftliche Stellung der einzelnen Anstalten, so wäre es entschieden unbillig, mit Namensnennung vorgehen und gewissermaßen die Spreu vom Weizen scheiden zu wollen. Unbillig schon deshalb, weil Sonne und Wind, Gunst und Ungunst der Verhältnisse unter den einzelnen Anstalten sehr ungleich vertheilt sind. So ist es beispielsweise einleuchtend, daß die kleineren norddeutschen, vom Filialnetz der Reichsbank dicht umstellten Lokalbanken von vorneherein einen schwierigeren und weit aussichtsloseren Stand hatten als die kräftigeren und größeren mittel- und süddeutschen Mittelstaatsbanken. Erfolg und Mißerfolg hängen hier häufig nicht so fast von der Geschicklichkeit der Leitung als von äußeren, beliebig nicht zu ändernden Umständen ab. Für unsere Betrachtung aber giebt der Erfolg den entscheidenden Maßstab. Und hiervon ausgehend, läßt sich im allgemeinen immerhin sagen, daß sich die Privatbanken derzeit in zwei Gruppen scheiden lassen: die eine Gruppe im engsten Thätigkeitsrahmen entschieden stagnirend, ohne größere Verkehrsbedeutung, ein mühseliges Dasein fristend und kaum mehr lebensfähig, die andere dagegen mehr oder minder in Blüthe und in unverkennbarem Ansehen, im frischen verzweigten Betrieb stehend und von der Geschäftswelt zur Zeit als unentbehrliche Institution betrachtet. Die eine Gruppe also wirthschaftlich nützlich, die andere zwar nicht völlig überflüssig, aber doch gerade nicht unentbehrlich.

Das Material, aus welchem sich die Beurtheilung im einzelnen ergiebt, liefern die Geschäftsberichte der einzelnen Anstalten, ferner notorische Thatsachen und geschäftliche Erfahrungen. Wir müssen uns damit begnügen, aus diesem Material eine Anzahl besonders bezeichnender Unterschiede und Gegensätze hervorzuheben. Die einen Banken suchen ihre Betriebsmittel namentlich durch Heranziehung brachliegender Kapitalien zu vermehren und ihre Geschäfte auszudehnen; die anderen weisen in ihren Bilanzen minimale Ziffern auf und führen ein idyllisches Stillleben. Die einen arbeiten trotz der damit verbundenen Gefahr und Mühewaltung möglichst dezentralisirt, pflegen fleißig ihr legitimes geographisches Gebiet und leisten damit der Verkehrswelt, namentlich den auch außerhalb der größeren Städte wohnenden Geschäftsleuten, gute und nützliche Dienste; die anderen bleiben auf ihrem statutarischen Domizil kleben und nehmen die Erfüllung ihrer volkswirthschaftlichen Aufgaben auf die leichte Schulter. Die einen bleiben mit ihren Noten im Lande und erfreuen sich trotz der durch die Reichsbank unaufhörlich bethätigten Rückströmungen eines gesunden, gesicherten und stetigen Notenumlaufes; die anderen können selbst in ihrer nächsten Nähe nur mühsam einen geringen Notenumlauf aufrecht erhalten und müssen für ihre Werthzeichen sogar fremde Gebiete aufsuchen. Die einen gelten nach dem Urtheil der kompetenten Handelswelt nach ihrer ganzen Stellung und Wirksamkeit als wirkliche Landesanstalten und als nützliche Mittel- und Bindeglieder zwischen der Zentralgeldinstanz und den privaten oder genossenschaftlichen Kreditorganen; die anderen fristen ihr Dasein als Einrichtungen von untergeordneter, völlig lokaler Bedeutung. Die einen sind mit den bundesstaatlichen Regierungen in fiskalischer Beziehung in irgend einer Weise verwachsen; die anderen erheben sich nicht über das Bereich rein privater Institutionen. Die einen endlich — last not least — bringen die bundesstaatliche Gliederung des Reiches auch in wirthschaftspolitischer und kreditwirthschaftlicher Hinsicht mit Glück und Erfolg zum Ausdruck; die anderen, weil mit der Reichshauptbank im selben Bundesstaate thätig, entbehren absolut jeder wirthschaftspolitischen Mission. Man sieht, eine Fülle von sehr markanten Unterschieden trennt die beiden Gruppen.

Einige besonders kennzeichnende Ziffern und Umstände mögen hier noch spezielle Erwähnung finden. Die Dezentralisation des Betriebes, wegen der damit verbundenen individualisirenden Pflege des lokalen Kreditwesens ein Hauptvorzug des gemischten Banksystems, ist wie bereits angedeutet von einem Theil der Privatbanken nicht vernachläßigt worden. Am dezentralisirtesten arbeiten die sächsische und die bayerische Bank. Insgesammt betreiben die Privatbanken außer ihren Hauptsitzen 59 Zweigniederlassungen, wovon 33 an solchen Plätzen, welche keine Reichsbankniederlassung besitzen und deshalb ohne die Privatbankstelle auf den Vortheil, Bankplatz zu sein, verzichten müßten. Auf den meisten dieser kleineren Plätze überwiegt der landwirthschaftliche und gewerbliche Betrieb. Daß die Privatbanken denselben, soweit es die unerläßliche Liquidität des Wechselportefeuilles zuläßt, thunlichst unterstützen, darf als ein bemerkenswerthes und erfreuliches sozialpolitisches Moment hervorgehoben werden.

Weniger befriedigend ist der Zustand des Depositenwesens. Nur ein kleiner Theil der Privatbanken hat den pädagogischen Impuls zur Pflege dieses Geschäftszweiges, welchen ihnen die Gesetzgebung durch Verringerung der Notenbetriebsmittel gab, zu nützen verstanden, was um so leichter gewesen wäre, als bei der Unverzinslichkeit des Reichsbank-Giroverkehrs die Konkurrenz der Zentralbank hier weniger in Betracht kommen konnte. Die Ziffer der Privatbankdepositen ist angesichts dieser günstigen Umstände außerordentlich bescheiden und nur sehr langsam im Wachsen begriffen. Befriedigende Ausnahmen seitens einzelner kräftiger und daseinsfähiger Anstalten sind auch hier zu verzeichnen, so namentlich bei den hanseatischen Banken, bei der frankfurter, der sächsischen, der bayerischen Bank. Letztere verfügte beispielsweise Ende August 1885 über ein Depositenkapital von nahezu dreizehn Millionen und zählte im Giro-Checkverkehr 3860 Kunden. Andere Anstalten freilich, worunter auch ein paar süddeutsche Mittelstaatsbanken, frappiren geradezu durch die Winzigkeit ihres Depositenverkehrs. Irrig ist es indessen, aus dieser theilweise unverkennbaren Stagnation im Depositenwesen ein allgemeines Siechthum der Privatbanken folgern zu wollen[1]). Der Umstand, daß die in den Bilanzen der Anstalten ausgedrückten Zahlen sich wenig verändern, spricht an sich durchaus nicht gegen die Privatbanken. Eine gewisse ruhige, von spekulativen Tendenzen ferne Bewegung, gepaart mit Vorsicht und ängstlicher Solidität ist für Anstalten öffentlichrechtlichen und gemeinwirthschaftlichen Charakters eine im allgemeinen passendere Gangart als das unruhige, nur zu leicht mit der Gefährdung öffentlicher Interessen verbundene Hasten und Drängen. Wachsen doch mit Ausnahme der Giroumsätze auch die Bilanzzahlen der Reichsbank nur sehr langsam und niemand wird dem Zentralinstitut den Vorwurf der Stagnation machen.

Einen weiteren und zwar unseres Erachtens den wichtigsten Maßstab für die Beurtheilung der Lebenskraft der einzelnen Banken liefert ihr Notenumlauf. Die Reichsbank ist mit einigen Modifikationen gesetzlich verpflichtet, die von ihr aus tausendfältigen Verkehrskanälen eingenommenen Privatnoten sofort bei der Emissionsstelle wieder zur Einlösung zu präsentiren. Und in dieser Hinsicht sprechen die in den Berichten einzelner Privatbanken mitgetheilten Ziffern eine sehr beredte Sprache. Aus dem Vergleich der durchschnittlichen Notenzirkulation dieser Banken mit der ihnen von der Reichsbank im Laufe eines Jahres präsentirten Notenziffer geht hervor, daß die Reichsbank den kleinsten und kleineren Privatbanken den zehnfachen, zwölffachen, ja selbst noch höheren Betrag des Notenumlaufes im Laufe des Jahres zur Einlösung zurückgiebt. So werden die Athemzüge dieser Banken, wenn es verstattet ist, Ausgabe und Rückströmung der Noten mit Athemzügen zu vergleichen, immer kürzer, immer stoßweiser und gezwungener; diese kleinen Organismen werden von der Umklammerung der Reichsbank schier erdrückt. Weit günstiger ist die Lage der vom Gironetz der Zentralbank weniger dicht umgebenen größeren Banken, namentlich derjenigen, welche verzweigt arbeiten und sich in ihrem eigenen Filialnetz eine treffliche Stütze ihres Notenumlaufs zu schaffen wußten. Da verringert sich der binnen Jahresfrist präsentirte Betrag auf das Sechsfache, Fünffache des Durchschnittsumlaufes. Am günstigsten dürfte das Verhältniß für die großen, wohl prosperirenden Mittelstaatsbanken Sachsens und Bayerns liegen. Zwar fehlen hierüber authentische Ziffern, doch kann mitgetheilt werden, daß der präsentirte

---

1) Beispielsweise auch in diesem Jahrbuch geschehen (Jahrgang 1884 S. 1250). Der Kritiker räumt indessen mit Objektivität ein, daß „sich einzelne Banken nicht an dieser vornehmen Ruhe betheiligen".

Betrag bei der bayerischen Notenbank das Dreifache ihres durchschnittlichen Umlaufes nicht übersteigt. Betrachtet man aber den Komplex der Privatbanken und ihren Notenumlauf als Ganzes, so weist die hierüber aufgestellte Statistik zweifellos aus, daß die Reichsbanknote auf Kosten der Privatbanknote zwar nicht rasch, aber langsam und sicher an Terrain gewinnt. Diese Thatsache findet in der wachsenden Präponderanz der Reichsbank ihre natürliche Erklärung. Will man bei der Bemessung der Leistungen der Privatbanken Gerechtigkeit walten lassen, wird man überhaupt dieses im Gesetz begründete und praktisch hin und wieder entschieden zur Geltung gelangte Uebergewicht der Reichsbankstellung als allgemeinen Faktor jederzeit in Rechnung bringen müssen. Behauptet man doch in unterrichteten Kreisen, daß bei mehr als einem Anlaß die Handhabung des Gesetzes zu weittragenden Meinungsverschiedenheiten geführt habe. Einzelne Differenzpunkte sind bekanntlich selbst im Bundesrath und Reichstag zur Besprechung gelangt. So beispielsweise die Frage über Ankauf von Wechseln unter dem öffentlich bekanntgemachten Satz, ferner die Modalitäten bei Ansammlung und Umtausch von Privatbanknoten und andere mehr untergeordnete Punkte.

Somit haben wir in kurzen Zügen die gegenwärtige Verfassung des deutschen Notenbankwesens zu zeichnen versucht — im ganzen ein volkswirthschaftliches Gemälde, bei welchem das Licht den Schatten weit überwiegt. In den Grundzügen richtig organisirt, mit Vorsicht geleitet und von der Oeffentlichkeit genauestens überwacht, so fungirt die Gesammteinrichtung in entschieden zweckmäßiger Weise und mit Nutzen für das öffentliche Wohl. Und deshalb wird auch die legislative Frage des Jahres 1890 unseres Erachtens weit weniger Schwierigkeiten bieten als der im Jahre 1875 dem Gesetzgeber sich entgegenstellende chaotische Zustand der Dinge.

In formaler Beziehung liegt diese Zukunftsfrage folgendermaßen. Das Reich hat sich, zuerst zum 1. Januar 1891, alsdann aber von zehn zu zehn Jahren das Recht vorbehalten, entweder die Reichsbank aufzuheben oder die sämmtlichen Reichsbank-Antheile zum Nennwerth mit Zuschlag einer auf den Eigner entfallenden Reservefondsquote zu erwerben. Den Privatnotenbanken kann zu denselben Terminen, ohne Anspruch ihrerseits auf Entschädigung, gekündigt werden. Diese Kündigung soll nur eintreten zum Zwecke weiterer einheitlicher Regelung des Notenbankwesens oder wenn eine Bank den Anordnungen des Bankgesetzes zuwider gehandelt hat. Ob diese Voraussetzungen vorliegen, entscheidet der Bundesrath. Wie ersichtlich, sind diese sämmtlichen Bestimmungen derart getroffen, daß keine wie immer beliebte Neuregelung der Verhältnisse irgendwelchen formalen Schwierigkeiten begegnet. Daß die Organe des Reiches der Erwägung näher treten werden, ob nicht bereits am erstmöglichen Termin Veränderungen angezeigt seien, dürfte als sicher anzunehmen sein. Denn so gut auch im allgemeinen die bestehenden Einrichtungen funktioniren, so sind doch die bei der Zettelbankfrage interessirten politischen, sozialwirthschaftlichen und fiskalischen Ansprüche viel zu mächtig und zahlreich, als daß sich eine völlig unveränderte Beibehaltung der gegenwärtigen Verfassung vermuthen ließe.

Die Aufhebung der Reichsbank ist selbstverständlich eine rein akademische Möglichkeit. Daß die Zentralbank als Reichsinstitution jederzeit aufrecht erhalten bleiben muß, versteht sich von selbst. Die Reichsgewalt hält einmal den Zauberstab des Kredits in Händen und wird ihn kluger und glücklicher Weise auf immer festhalten. Meinungsverschiedenheiten kann es lediglich über die künftige Struktur, sozusagen über die elementare Beschaffenheit der Reichsbank geben. Und in dieser Richtung erheben sich allerdings Fragen von schwerwiegender Bedeutung. Soll die künftige Reichsbank wie bisher hinsichtlich ihres Grundkapitals Privatbank unter staatlicher Leitung bleiben oder soll sie reine, aus Reichsmitteln dotirte Staatsbank sein? Soll sie Staatsmonopolbank sein oder lediglich Zentralbank innerhalb des gemischten Banksystems? soll sie kontingentirt sein oder nicht? soll ihre Struktur vorzugsweise eine Anstalt für das bewegliche Kapital bilden oder soll sie den agrarpolitischen Aspirationen irgendwie zugänglich gemacht werden? Lauter Kardinalpunkte, um welche binnen kurzem ein heftiger Streit entbrennen wird.

Von mancher Seite wird seit 1875 mit Beharrlichkeit und Zielbewußtsein auf das reine Staatsbanksystem und noch weitergehend auf das Reichsmonopolbanksystem hingearbeitet. Das Ziel dieses Strebens gipfelt in der Errichtung einer einzigen, mit dem ausschließlichen Rechte der Notenausgabe ausgerüsteten Monopolbank, welche mit anlehensweise aufzubringenden Reichsmitteln dotirt und unter Leitung des Reiches stehend ihre Erträgnisse der Reichsfinanzverwaltung zuzuführen hätte. Also eine gewaltige Staatsanstalt, in welcher das gesammte Geld- und Kreditwesen der Nation, soweit dasselbe mit der Notenausgabe zusammenhängt, zentralisirt erschiene. Aufgabe dieser Monopolbank wäre es, sämmtliche Bundesstaaten mit einem gleichmäßig dichten, uniform eingerichteten und von der Hauptbank geleiteten Netz von Zweiganstalten behufs Pflege des provinzialen und lokalen Kredits zu überziehen. Die Befürworter dieser Monopolbank fordern ihre Errichtung aus einer Mehrzahl von Gründen. Theils wird auf das vom Reiche bei Schaffung fiktiver Werthzeichen geltend zu machende Hoheitsrecht verwiesen, theils betont, daß die aus der Notenausgabe erwachsenden Gewinne der Gesammtheit zum Vortheil gereichen sollen. Der Zustand der Reichsfinanzen sei nicht derart, daß man auf Gewinne, die sich unbeschadet des öffentlichen Interesses darbieten, verzichten könne. Endlich erfordere der politische Gedanke des Reiches die Errichtung einer ausschließlich dem Reiche zustehenden, mit allen denkbaren Machtbefugnissen ausgestatteten und in Krisen aller Art hilfsbereiten und leistungsfähigen zentralen Geldinstanz.

Diese Gründe und Forderungen sind sehr radikaler Natur und besitzen wie fast alle radikalen Dinge den scheinbaren Vorzug der Logik. Trotzdem scheint es wenig wahrscheinlich, daß dieselben jetzt schon durch die Gesetzgebung ihre Verwirklichung finden werden. Jetzt so wenig wie im Jahre 1875 leben wir in einem politisch und wirthschaftlich luftleeren Raum, welcher gewissermaßen ohne Berücksichtigung äußerer Verhältnisse und Reibungen den ideellen Aufbau wirthschaftspolitischer Einrichtungen gestatten würde. Jetzt so wenig wie damals wird eine vorsichtige, vom bundesstaatlichen Geiste getragene Gesetzgebung ihr Ziel in sprunghafter und radikaler Umformung bestehender Verhältnisse erblicken können. Es wird vielmehr heute wie damals die organische Entwickelung und Weiterbildung des Vorhandenen die Richtschnur der Gesetzgebung bilden müssen. Wenigstens dann, wenn diese Gesetzgebung von jener von uns Eingangs der Darstellung erwähnten Erkenntniß durchdrungen ist, daß es eine absolut beste und unter allen Umständen zu erstrebende Bankpolitik überhaupt nicht gebe und demnach lediglich die sorgfältige Berücksichtigung aller jeweiligen äußeren und inneren Momente den Ausschlag bei der Wahl zwischen im ganzen und großen ziemlich gleichwerthigen Einrichtungen geben könne. Und hiervon ausgehend wird aus mehrfachen Gründen die Wahl schwerlich auf die Reichsmonopolbank fallen können. Die Monopolbank und ihre Konsequenz, die politische Färbung des gesammten Kreditlebens, wird auch jetzt noch kaum den Beifall derjenigen finden, welchen in unserem Staatswesen die Wahrung der föderativen Interessen anvertraut ist, und ebensowenig darf sie auf Anklang in jenen Kreisen der Volksvertretung rechnen, welche in dem parlamentarischen Geldbewilligungsrecht die sicherste Bürgschaft des konstitutionellen Lebens erblicken. Weder die geschäftlichen Verhältnisse noch der nationale Charakter der deutschen Bevölkerung liegen derart, daß man einer allzu straffen Zentralisirung des Wirthschaftslebens das Wort reden könnte. Die wirthschaftspolitische Gliederung des Reiches macht im Gegentheil eine maßvolle Dezentralisirung der wirthschaftlichen Anstalten und Vorgänge wünschenswerth. Und vollends wenn wie im deutschen Notenbankwesen der Gegenwart den zentrifugalen Kräften eine übergeordnete zentralisirende Spitze paralysirend gegenübersteht, wird kein Vernünftiger von einer Unterbrückung des nationalen Gedankens sprechen können. Liegt doch gerade im Gleichgewicht der zusammenfassenden und vertheilenden Kräfte der Lebensnerv alles bundesstaatlichen Lebens. Und die Festhaltung dieses Gleichgewichts bildet die schönste konservative Aufgabe des gegenwärtigen Deutschland. Deshalb glauben wir grundsätzlich die Beibehaltung des gemischten Banksystems, wenn auch vielleicht in veränderter Form, um so mehr empfehlen zu sollen, als diesem System erfahrungsgemäß, namentlich bei kräftiger Führung der Zentralbank, so ziemlich alle Vorzüge des Monopolbanksystems ohne die schwerwiegenden Nachtheile des letzteren eigenthümlich sind.

Bis zu einem gewissen Grade sprechen die gegen die Reichsmonopolbank angeführten Gründe auch gegen die Verstaatlichung der Reichsbank, soweit dieselbe vielleicht innerhalb des gemischten Banksystems geplant werden möchte. Gegen eine solche völlig verstaatlichte Reichsbank, deren Grundvermögen aus Reichsmitteln gebildet wird, befürchten wir das Andrängen von allerlei unheilvollen Ansprüchen und Einflüssen. Wir haben mit dieser Bemerkung namentlich jene unklaren sozialpolitischen und agrarischen Bestrebungen im Auge, welche in der bisherigen Reichsbank eine den Interessen des beweglichen Großkapitals einseitig gewidmete Anstalt erblicken und bei künftigen Veränderungen die Einrichtung derart getroffen wissen wollen, daß die mittels Ausgabe fiktiver Werthzeichen geleistete staatliche Hilfe nicht blos den Vertretern des Kapitalismus, sondern auch dem Grundbesitze und dem kleinen Mann — dem Bauern, Handwerker, Arbeiter — zu gute kommt. Und im Hinblick auf diese Zukunftswünsche steht man nicht an, die Reichsbankreform als ein wichtiges Glied in der Kette der sozialpolitischen Großthaten des Kanzlers zu bezeichnen. Die landläufigen irrigen Märchen von den angeblich hohen Gewinnsten der Zettelbanken, die künstlich großgezogene und genährte Abneigung gegen den Mobiliarbesitz, endlich ein gewisser seit Laws Zeiten unausrottbarer Aberglaube über die befruchtenden Wirkungen der papierenen Umlaufsmittel, alle diese volksthümlichen Irrthümer und irregeleiteten Instinkte müssen auf den einen Punkt zusammenwirken, um in die bisherige Einrichtung und Geschäftsführung Bresche zu legen und die Thätigkeit der Reichsbank womöglich den eigenen selbstsüchtigen Wünschen und Interessen dienstbar zu machen. Eine langathmige Statistik bemüht sich ganz unnöthigerweise, die Größe der diskontirten Wechselabschnitte zu berechnen, die Forderung der regelmäßigen Dreizahl der Unterschriften zu bemängeln und die wirthschaftliche Eigenschaft und Stellung der Girokunden zu untersuchen, um aus den gewonnenen Ergebnissen den Schluß abzuleiten, daß die Reichsbank ausschließlich mit solventer, absolut sicherer Kundschaft arbeite und eine dem Bedürfnisse des beweglichen Großkapitals vorzugsweise dienende Einrichtung sei. Freilich ist sie das, und nur die völlige Unkenntniß der primitivsten Gesetze der Bankwissenschaft kann etwas anderes von ihr verlangen. Die unbedingte, völlige Liquidität des Wechselportefeuilles ist das erste, allen anderen Rücksichten übergeordnete Erforderniß für eine jede Zettelbank, namentlich aber für eine Zentralbank, welcher der Schutz der Währungsverhältnisse anvertraut ist. Auf dieser Liquidität beruht die stete Einlösbarkeit der Noten und diese hinwiederum ist die Grundlage aller geordneten Währungsverhältnisse. Eine Notenbank, welche an ihren Banknoteninhabern Tausende und Abertausende von jederzeit zur Kündigung berechtigten Gläubigern besitzt, darf, wenn sie nicht schiffbrüchig werden will, andererseits nur ganz kurzfristig zur Zahlung bereite und fähige Schuldner besitzen. Diese jederzeit mobilen Schuldner aber finden sich naturgemäß weniger in den schwerfälligen Reihen des stehenden, mit längeren Umtriebsperioden rechnenden Kapitals als vielmehr vorzugsweise im leichten beweglichen Zeltlager der kurzbefristeten Umsätze und Vorgänge innerhalb des kommerziellen und merkantilen Lebens. Wir sagen absichtlich vorzugsweise, theils weil der Charakter der gegenwärtigen Volkswirthschaft eine völlig scharfe Scheidung der Produktionsgruppen nicht gestattet, anderntheils weil die Reichsbank im Lombard, namentlich im Waarenlombardverkehr, geradezu direkt den Interessen des landwirthschaftlichen Besitzes dient. Von einem Privilegium des beweglichen Kapitals kann bei diesem Sachverhältniß nicht die Rede sein. Man vergesse doch nicht, daß auch das stehende Kapital, speziell der Grundbesitz, seine eigenthümlichen, nur für dasselbe geschaffenen, demnach ebenfalls „privilegirten" Kreditformen und -Organisationen besitzt. Das System der Hypothekenbanken mit seinen langfristigen, billigen Annuitätskrediten und seinen unkündbaren Pfandbriefen bildet für den Grundbesitz ein ebenbürtiges, gleichwerthiges Seitenstück zu der dem beweglichen Kapital durch Ausgabe papierner Umlaufsmittel gewährleisteten Krediterleichterung. Und selbst der von den Agrariern so vielfach angerufene und so gleißnerisch umworbene „kleine Mann" besitzt in dem auf dem Grundsatz der Solidarhaft aufgebauten Vorschußvereinswesen eine eigenthümliche, den Zwecken des Kreditnehmers vorzüglich angepaßte Form des Personalkredits. Der alte Satz: Nicht jedem jedes, sondern jedem das seine — hat seine Giltigkeit auch im Kreditwesen. Unsere Hoffnung aber, daß der gute Stern Deutschlands uns vor einer Preisgabe unserer Währungsverhältnisse an agrarische Sonderinteressen bewahren werde, würde durch die Beibehaltung des privaten Grundvermögens der Reichsbank wesentlich an Zuversicht gewinnen können. Gegenüber Plänen und Zumuthungen, welche unter der Maske der öffentlichen Wohlfahrt auftreten, besitzt die Staatsbank weit weniger Widerstandsfähigkeit als eine zum Theil wenigstens private, zur Zurückhaltung eher geneigte und taugliche Organisation. Daß aber eine hinsichtlich ihres Grundvermögens private Beschaffenheit der Zentralbank deren Leistungsfähigkeit nicht beeinträchtigt, lehrt die Bankgeschichte aller Völker und Länder. Mit Ausnahme der russischen Staatsbank besitzen alle großen europäischen Zentralbanken privates Grundkapital, und dieser Umstand hat in Zeiten staatlicher oder wirthschaftlicher Noth weder die opfervollen Leistungen dieser Banken, noch wenn nöthig deren engste Verbindung mit den Staatsfinanzen zu beeinträchtigen vermocht. Man darf sogar noch weitergehend mit Recht behaupten, daß in kritischen Zeiten, welche an sich schon den Staatskörper mächtig erschüttern, die Zentralgewalt durch den rein staatlichen Charakter der Zentralbank mit verschiedenen direkten Gefahren und Verantwortlichkeiten belastet wird, welche bei wenigstens halbwegs privater Einrichtung des Zentralgeldinstitutes hätten gemildert und auf andere Schultern überwälzt werden können. Und demnach halten wir es nicht für glaubhaft, daß künftig den privaten Geschäftsgenossen der Reichsbank der Stuhl vor die Thüre gesetzt werden wird. Der gegenwärtige Kurs der Reichsbankantheilscheine zeigt, daß auch die öffentliche Meinung dieser Möglichkeit wenig Glauben beimißt.

Indessen sind wir weit davon entfernt, die zentripetale Richtung des deutschen Wirthschaftslebens zu verkennen und deren theilweise Berechtigung in Abrede zu stellen. Nach allem Vorausgegangenen unterliegt es wohl keinem Zweifel, daß auch wir eine noch weitergehende Befestigung der Reichsbankstellung, eine Vermehrung der staatlichen Beziehungen zur Zentralbank, überhaupt eine vorsichtige und schrittweise Verstärkung der zentralisirenden Kräfte wünschen und befürworten. Und dieser Theil der Darstellung führt zu einer kurzen Besprechung des künftigen Schicksals der Privatbanken.

Dasselbe steht selbstverständlich im organischen Zusammenhang mit der künftigen Gestaltung der Reichsbank. Fallen die Würfel für die Reichsmonopolbank, so ist das Schicksal der Privatbanken besiegelt und sie verschwinden endgiltig von der Bildfläche. Anders natürlich, falls die prinzipielle Beibehaltung des gemischten Systems von der Gesetzgebung beliebt wird.

Aber auch in diesem Fall wird die völlig unveränderte Beibehaltung der Privatnotenbanken in ihrem gegenwärtigen Besitzstand kaum erwartet werden können. Wie oben dargethan, befinden sich in dieser Kategorie leicht und schwer entbehrliche, lebensfähige und nicht lebensfähige Elemente. Unter solchen Umständen würde die Gesetzgebung unseres Erachtens einen Fehler begehen, wollte sie diese Ungleichmäßigkeit unberücksichtigt lassen und materiell ungleiche Verhältnisse mit formal gleichem Maßstab messen. Die legislative Aufgabe wird vielmehr dahin gehen, zu trennen und zu scheiden, das lebensfähige zu erhalten, das Andere zu beseitigen. Nach dem Wortlaut des Gesetzes liegt das Schicksal der Privatbanken in dem Ermessen des Bundesrathes und werden demnach die einzelnen Landesregierungen vollauf Gelegenheit haben, im Schoße dieser Körperschaft geltend zu machen, ob und wieviel ihnen ihre einzelnen Landesbanken werth sind. Fiskalische Erwägungen werden dabei nicht schwer ins Gewicht fallen. Denn soweit einzelne, namentlich süddeutsche Regierungen an ihren Banken finanziell interessirt sind, ließe sich zur Deckung dieses Ausfalles aus den vergrößerten Erträgnissen einer Reichsmonopolbank leicht Ersatz schaffen. Auch die technisch-volkswirthschaftlichen Erwägungen, so viele man deren auch für die wohlthätig individualisirende Kreditpflege der Landesbanken geltend machen kann, werden den Ausschlag nicht geben. Maßgebend allein dürfte der wirthschaftspolitische föderative Staatsgedanke sein, welcher die Dezentralisirung des Kreditlebens durch die Thätigkeit der Landesbanken verbürgt sieht und in diesen Anstalten Partikulareinrichtungen von wirthschaftspolitischer Bedeutsamkeit erblickt. Für die Lokalbanken und kleinstaatlichen Banken trifft dieser wirthschaftspolitische Gesichtspunkt nicht zu, wohl aber für die größeren Mittelstaatsbanken.

Die wirthschaftliche Stellung und Bedeutung der preußischen Lokal- und Provinzialbanken wird Gegenstand der Erwägung für die preußische Staatsregierung sein. Nicht unbemerkt wollen wir lassen, daß die Gruppe der hanseatischen Banken durch wirthschaftliche Tüchtigkeit hervorragt, nicht minder die frankfurter Bank. Ueberhaupt soll durchaus nicht geleugnet werden, daß, falls das oben hervorgehobene wirthschaftspolitische Moment allein entscheidend bleibt und zur Erhaltung einer Anzahl größerer Institute führt, innere Unbilligkeiten nicht ganz zu vermeiden sind. Denn einerseits stehen die größeren Mittelstaatsbanken durchaus nicht sämmtlich auf gleicher Höhe und andererseits wird von einzelnen, unter dem ausschließlich wirthschaftspolitischen Gesichtspunkt als überflüssig zu erachtenden Instituten Tüchtiges, ja selbst Ausgezeichnetes geleistet und würde deren Wegfall eine kaum ausfüllbare Lücke im Verkehrsleben schaffen. Trotzdem halten wir an der Ueberzeugung fest, daß die Zukunft den eben erwähnten Gesichtspunkt als den allein maßgebenden in den Vordergrund rücken wird. Dabei möge erwähnt werden, daß schon 1875 Adolf Wagner[1]) in richtiger Voraussicht kommender Entwicklungen den Mittelstaatsbanken eine bevorzugte Stellung einzuräumen empfahl. In allererster Linie erscheint der politische Gedanke maß- und ausschlaggebend.

Sollten die künftigen Dinge in dieser oder ähnlicher Weise ihren Lauf nehmen, so ist es einleuchtend, daß die Stärkung der Zentralbank als Ergebniß hervorgeht, indem der kontingentirten Zentralbank die frei gewordenen Quoten der in Wegfall kommenden Privatbanken zuwachsen. Aber auch der allenfalls nichtkontingentirten Reichsbank bieten sich durch Wegfall lokaler und provinzialer Kreditquellen neue Felder ersprießlicher und lukrativer Thätigkeit. Für die weiter bestehenden Mittelstaatsbanken den Grundsatz der Kontingentirung aufrecht zu halten, empfiehlt sich deshalb, weil der Gesichtspunkt des Erwerbs bei ihnen kräftiger in den Vordergrund tritt als bei der von Reichsbeamten geleiteten Zentralbank. Mit der Verstärkung und Erweiterung der Reichsbankstellung dürfte auch den Wünschen der Reichsfinanzverwaltung insofern Rechnung getragen sein, als der staatliche Gewinnantheil aus den Erträgnissen der Reichsbank zum Wachsen gebracht wird. Als weitere bei der künftigen Neuorganisation des deutschen Notenbankwesens der Erwägung und Regelung zu empfehlende Angelegenheiten kommen in Betracht: die engere Verbindung der Zentralbank mit dem Reichskassenwesen nach englischem Muster, die genauere gesetzliche Regelung des Notenaustausches unter den einzelnen Banken, die Einführung eines einheitlichen Banknotenformulars und ähnliche durch die bisherige Erfahrung sich ergebende Punkte.

Wir haben in kurzen Zügen das Bild der Gegenwart und die Perspektiven der Zukunft zu entrollen versucht, freilich nur kursorisch und in aphoristischer Form. Zukunftsbilder lassen sich in scharf umrissenen Zügen schon deshalb nicht aufstellen, weil niemand den Verlauf der nächsten, noch vor der Bankreform liegenden Jahre kennt. Wünschenswerth bleibt es, daß die Frage in der Literatur und in der

---

1) Die Zettelbankreform im Deutschen Reiche (Berlin 1875).

Fachpresse nach allen ihren Seiten eine ruhige, sachgemäße Beleuchtung erfährt und die agitatorischen Einflüsse der subjektiven Tagespresse dadurch gemildert werden. Einzelne verdienstliche Publikationen liegen bereits vor, so von Slevogt, Soetbeer, Simon, Schraut, Koch. Dieselben behandeln indessen zumeist nur vereinzelte Seiten der Gesammtfrage.

Eine Schlußbemerkung dürfen wir uns vielleicht noch gestatten. Die alten Gegenseitigkeitsgrundsätze des römischen Vertragsrechts: do ut des, facio ut facias bilden im bundesstaatlichen Leben die oberste und wichtigste Verkehrsregel. Hierdurch wird die sachgemäße Erledigung schwebender Fragen wenigstens dann erschwert, wenn dieselben das Unglück haben, beim Meinungsaustausch der verbündeten Regierungen als Gegenstand der Ausgleichung zu dienen. Wünschen wir, daß die Zettelbankfrage, wenn die Stunde ihrer Erledigung schlägt, von diesem unerquicklichen Schicksal verschont bleibe. Der ruhigen, von Nebenrücksichten unbeeinflußten Erwägung sämmtlicher zur Mitwirkung Berufenen wird es dann nicht allzuschwer gelingen, diejenige Lösung zu finden, welche nach Maßgabe der konkret gegebenen Verhältnisse als die relativ beste und dem Gemeinwohle förderlichste erscheint.

Pierer'sche Hofbuchdruckerei. Stephan Geibel & Co. in Altenburg.

Printed by Libri Plureos GmbH
in Hamburg, Germany